AF288356

Constantin Bachfischer

Herzens – Sache

Das Buch zum Reinspüren

Texte, Gedichte, Sprüche & Bilder

2

Impressum

Titel der Originalausgabe: „Herzens - Sache"
Das Buch zum Reinspüren
2. Auflage August 2011
© Constantin Bachfischer www.all-life-balance.com

Einbandgestaltung & Lektorat: Djannet Bourema
Texte, Gedichte, Sprüche & Bilder: C. Bachfischer

Inspirationen: Mein Leben mit allen Begegnungen

Herstellung und Verlag: Books on Demand GmbH,
Norderstedt
ISBN: 978-3-8391-1545-9

Fehler und Möglichkeiten:
Für all diejenigen die nach Fehlern suchen, es wurden
auch welche versteckt, denn ein Fehler wird sich immer
einschleichen, erst recht, wenn man keine Fehler
machen will. Doch wer sagt was ein Fehler ist? Daraus
entstehen Möglichkeiten, mach was draus!

Anmerkungen:
Nehme dir Zeit beim Spüren des Buches, mach es dir
gemütlich, fühle dich wohl und spüre dich und das Buch.
Fühle die Texte und die Bilder, erlebe Deine eigene
Stimmigkeit, was stimmt und was nicht. Spüre dein
Herz, sei einfach da.

3

„Dank an…

den Mond, die Sonne,
die Erde, die Lebewesen aller
Welten, die Ahnen,
die Begleiter, die Freunde,
die Freude, die Familie,
die Bäume, die Eiben,
dem Hellen und dem Dunklen, dem
Sein, der Verbundenheit, den
Brüdern, den Schwestern, dem
Wasser und dem Schnee, der Liebe
und den Liebenden, den Partnern
und Lehrern, den Weggetreuen,
den Verbündeten,
dem Verstand,
dem Herz und der Seele,

...danke an Heiko Ehrlich,

...danke euch Allen"

In der Mitte des Raumes stehen,
heißt jederzeit nach allen
Richtungen sich bewegen zu
können,
wenn ich in der Mitte des Raumes
stehe, kann ich jeden Punkt
erreichen,
denn von dort ist jeder Punkt
leichter erreichbar.
Wenn ich meine Mitte finde, kann
ich jeden Weg gehen, den ich
erreichen möchte.

Ich kann jemanden halten, ja ich
kann jemanden halten,
ihn beschützen, für ihn da sein. Er
kann, sie kann mir vertrauen, denn
ich beschütze sie. Ich beschütze
dich.
Ich kann dich halten. Du kannst
mir vertrauen. Ich bin für dich da.
So sehr ich Halt und Vertrauen
geben kann, kann ich es schwer
annehmen. Ich versuche ihn oder sie
wegzuhalten. Ich stelle mich
seitlich, so dass ich weniger Fläche
ihm /ihr darbiete, wo ich verletzt
werden könnte. Ich halte meine
Knie sprungbereit zur Verteidigung
und Ausweichung.

Ich halte meine Hände hoch auf
Spannung, jederzeit bereit eine
Hand oder Faust zu meinem
Schutz hochschnellen zu lassen.
Wenn mich nun doch jemand
berührt, so kämpfe ich innerlich nur
mit mir und nicht mehr mit ihm
oder ihr. Der Kampf ob ich es
zulasse, diese Wärme und
Geborgenheit, dieser Halt und
Schutz. Ich schütze mich selbst aus
Angst dies zuzulassen und mehr zu
wollen. Doch lass ich es näher, wird
der Kampf leichter und die Wärme
siegt.

Echt ist lachen und die Sonne,

das herzhafte Lachen
mit Tränen vor Glück.
Die Wärme und der Spaß,
die Freude und vor allem die
Freude
es zu teilen.

Allein im Bett,
im dunklen Zimmer mit Schmerzen
und meinem Gesicht versteckt.
Nur dazuliegen alleine mit meinem
Schmerz.

9

10

Eine Katze die sich neben einen
Blumenstock setzt,
ihre rechte Tatze hebt und dann an
den Blumen dieses Stockes riecht,
genießt die Düfte und Schönheit
dieser Blumen, diesen Duftes mehr
als der Mensch
der neben ihr steht und die
Schönheit dieser Blumen und den
süßlichen Duft nicht wahrnehmen
kann,
weil er sich für das Schöne
verschlossen hat.

11

Wenn ich jetzt hier hocke, bequem auf dem Teppichboden. In diesem schönen, hellen, erwärmten Raum mit Holzdachträgern und zum Fenster hinausblicke, sehe ich einen wunderschönen Berg, welcher mit leichtem Schnee zärtlich bedeckt ist. Wo weiße kuschelige Wolken um sein Haupt streicheln. Ein Berg der mit kaltem, eisigem Schnee bedeckt ist. Dort wo die Luft auf seinem Haupt dünn und frierend ist. Sehr wohl ein anderes Gefühl, als im hell erwärmten schönen Raum mit Teppichböden und den herrlichen Holzträgern zu sitzen um auf den kalten Berg von drinnen zu sehn.

Doch etwas ist in meinen
Ansichten verrückt. Da wird der
Berg von der Sonne gestreichelt.
Wobei er mehr Wärme ausstrahlt
und gibt, mich mehr zum
Schwelgen und Träumen bewegt,
mir mehr Wärme ums Herz und
meinem Körper gibt als der warme,
helle Raum mit seinem
Teppichboden und den
Holzdachträgern.

Schlafen oder wachen,
träumen oder wachen,
oder beides zugleich?

Was ist wach,
was heißt Schlaf?
Was ist Traum,
wann bin ich wach?

Bin ich beides zugleich oder doch
nur eins von beidem?

Träum ich im Laufen oder schlaf
ich beim Gehen?

Ist beides in mir,
mit einem ständigen Wechsel wie
bei einer Schwingtür?

Eines von beidem,
beides zugleich,
abwechselnd ständig
wie Wolken am Himmelreich,

keines von beidem,
nüchtern und klar,
das ist meine Realität,

oder doch die von allen anderen die
ich sah

Jahr für Jahr?

*Ich denke an dich schöne Maid,
ich denke an dich liegend im weißen
Kleid, dein Haar wehend im Wind,
dein Lächeln strahlend
wie das unseres Kinds.
Blumen in allen Farben und all
ihrer Schönheit wiegen sich vor dir
im Wind.
Ich komme zu dir und unserem
Kind. Zusammen und immer,
auf ewig wir vereint sind.
Warte auf mich mit unserem Kind,
da meine Zeit noch nicht gekommen
ist.
Ich denke an dich, schöne Maid.
Ich denke an dich.*

Was hält mich ab mein Leben zu genießen, meine eigene Wahrheit zu leben?

Ich halte mich ab. Ich versuche, spiegle, zeige den Anderen das was sie von mir erwarten.

Ich möchte es allen recht machen, insbesondere meiner Mutter, Freundin und den anderen Frauen.

Ich blockiere mich selbst und sehe, fühle nicht - oder besser zu wenig - in mich rein.

Ich lasse zu wenig raus aus mir.
Meine Erwartungen an mich?

Ich blockiere, mauere mich ein.

Ich kann, möchte keine
Erwartungen in mich selbst
stecken, aus Angst zu versagen.

Ich weiß, ich halte mich ab.

20

Die Welt

kann sich nicht ändern

und wird sich auch nicht ändern.

Ich kann mich ändern

und damit die

Welt verändern.

22

Es gibt Momente des Glücks, der
Freude und der Reue. Momente der
Trauer, des Schmerzes. Es gibt
Momente der Höhen und der Tiefen
meines Lebens. Es gibt den Tag und
die Sonne, den Mond und die
Nacht. Ich gebe mein Leben für
Momente des Lebens. Ohne meine
Momente in meinem Leben fehlt ein
Stück Leben auf Erden. Ich lebe
den Moment im Glück und Freude,
in Angst, Trauer und in der Reue.
Leben ist dadurch in mir und in dir
auf Erden. Ich habe die Macht über
mein Leben zu bestimmen.
Bewusst; Klar; Wach

23

Ich möchte deine Stimme hören,

dich schmecken und dich küssen,

mich bei dir fallen lassen.

Bei dir sein,

dein sein.

24

25

Du willst deine Freiheit;
Du willst dein Leben,
dann steh auf,
erhebe dich aus der Asche deiner
Furcht. Erblicke den Himmel und
die Sonne, atme tief.
Spüre deine Wut, deine Kraft,
lass dein Blut durch deine Adern
pulsieren, erhebe dich, erhebe deinen
Kopf, deine Schultern.
Dreh dich zum Leben, nenn deinen
Namen, nenn deine Geschichte,
sehe ins Angesicht des Lebens.
Erkenne deinen Feind und erkenne
dich selbst.
Lebe weise.

*Manchmal liegt es dir unerkannt
vor der Nase, manchmal liegst du
unerkannt dahinter.*

*Schreibe das, was du weißt nieder,
somit kannst du es stets lesen,
falls du nicht mehr weißt was du
weißt.*

Die Menschheit ist nicht bereit,
sich vom Hier sein zu befreien und
zu fühlen.
Das rationale Denken, die Suche
nach Antworten und Fragen die
gegeben sind,
lassen wir durch unseren Verstand
blenden.
Die Menschheit sollte die Fragen
suchen, weil die Antworten bereits
in mir wie in dir stecken.
„Wer bist du?"

Ich sehe Welten,
die wohl kaum einer sah,
ich sehe Dinge,
die andere Augen nicht sehen
wollen.
Ich registriere Kräfte,
die physikalisch nicht vorhanden
sein dürften,
ich spüre Wissen,
worüber ich nie gelehrt wurde.

Die Suche nach anderen Welten
sollte dort beginnen wo sie liegen.
Im Vorfeld der Seele und der
Emotion wird immer mehr und
mehr bewusst,
dass der Körper physikalisch in
einer Welt der Tatsachen lebt die
uns um den Verstand bringen.
Doch die Welt des höheren oder
niederen Denkens sind Welten,
wo weder mit Tatsachen noch
Untatsachen belegt werden
können.

Der Kampf zwischen Gedanken
und Verstand, Gefühl und Körper,
müssen, sollen frei sein und werden
unterdrückt durch Normen und
Regeln.

Die sich im Kampf mit Kopf und
Rationalität gegen Träume und
Empfindungen befinden.
Mein Verstand erblickt Ketten,
die die Gesellschaft uns anlegt und
es mir selbst schwerer machen,
als es bereits ist.
Dir wird untersagt, frei und
einfach da zu sein.
Selbst die Familie und Freunde
versuchen mir diese Ketten als
Freiheit zu verkaufen.

Ist der Tod die Welt in der dies möglich ist, lebe ich zwischen Tod und physikalisch sein, ist die gemeinsame Ebene die psychologische Welt der Emotionen? Ich weiß, das viele dies für den einzigen Weg halten frei zu sein und sich aus dem physischen Leben entziehen, die Antwort liegt da, nur die Frage nicht.

Doch Leben wäre möglich, wenn die Toleranz dessen entspricht was sie darstellt. Doch sind wenige bereit zu sehen ohne Augen, zu hören ohne Ohren und zu erfühlen ohne Hände was ich erlebe und welche Welten existieren.

34

Ein kleiner Wink,
eine kleine Freude,
ein Augenblick von Wärme ohne
jede Reue.

Ein kleiner Wink des Bemerkens
soll dir sagen: du bist nicht alleine.

Nur durch einen kleinen Wink,
das Herz erstrahlte und freudig sich
der Moment erstreckt, der mein
Gemüt zum Leben für kurz
neu
erweckt.

Du kannst die Menschen nicht
verändern,
doch du kannst dich ändern
und damit die Menschen verändern.
Du kannst die Welt nicht
weiterentwickeln,
doch du kannst dich
weiter ent-wickeln
und damit die Welt ein Stück
weiter ent-wickeln.

*Lass die Liebe frei, die du in deinem
Herzen gefangen hältst, aus Angst
sie könnte den Rahmen deines
Lebens sprengen wenn du sie gehen
lässt.*

*Auch wenn dein Kopf nein sagt,
doch dein Herz ja, weiß ich, dass du
dadurch im Zweifel mit dir bist,
aber dein Herz irrt sich nicht.*

*Lass die Liebe frei, die du in deinem
Herzen festhältst, schalte deinen
Kopf einmal aus und lass dein Tun
von deinem Herzen lenken,
ohne dabei viel nachzudenken!*

Doch du denkst,
dass du nichts fühlst,
belügst dich dadurch selbst
und vergisst auf deine
Gefühle zu hören,
die innerlich dein Herz mit
Liebeskummer füllen.

Lass die Liebe frei,
die du dir nicht eingestehen willst,
lass sie gehen,
wohin sie dich zieht,
um nicht zu bereuen was deine
Torheit dir riet.

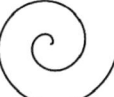

So süß, so lieblich fein,
sehe ich in ihre blauen Augen
hinein.

So klar und von Unschuld rein,
sehe ich in ihr Herz hinein.

So warm und lieblich fromm,
blicken ihre ‚Augen stets nach vorn.

So sind blaue Augen, klar und rein,
drum lass Sie doch in dein Herz
hinein.

42

Ein ständiges Spiel zwischen
Mann und Frau,

um zu überspielen sein wahres,
verletzliches

und eigenes

Ich.

43

Wenige interessieren sich für das Theater,

obwohl jeder von Ihnen die größten Rollen in den dramatischsten Komödien und Tragödien schon längst spielt.

Das eigene Ich zu überspielen

ist der beste Weg

allein zu bleiben.

47

Ein kleiner Lichtblick am Morgen,
das vertreibt mir fast die Sorgen,
reib mir nochmals die Augen,
konnte es fast gar nicht glauben,
welch netter Gruß, welch nette
Versüßung, welch schöner Gedanke
– vielleicht an mich?

Denke nun heute den Tag an dich,
somit wird's leichter den Tag zu
bekommen über die Runden und vor
allem den oft zu langen Stunden.
Mit einem Lächeln im Gesicht und
meinen Gedanken bei dir, schrieb
ich dir diese Zeilen hier, um zu
schüren meine Hoffnung, für einen
neuen kleinen Lichtblick am
nächsten Morgen, vielleicht diesmal
ohne jegliche Sorgen…

Geh nicht fort, bleib bei mir an
diesem Ort, geh nicht fort.
So hör doch bitte auf mein Wort
und geh nicht fort.
Lass uns zusammen sein,
lass mich nicht wieder allein,
geh nicht fort.
Möchte doch in dein Herz hinein,
drum geh nicht fort,
doch gehst du fort,
soll es wohl so sein,
aber vergiss nicht,
ich warte auf dich.
Du hast mein Wort,
ich geh nicht fort von unserem Ort.
Werde warten bis du kommst und
verlangst mein Wort.
Ich geh nicht fort.

Das Blatt mit Leben gefüllt, durch die Kraft und Wärme der Sonne gestärkt und gewachsen, gediehen, durch das Wasser erhalten,

geformt durch den Wind und gehalten durch die Kräfte des Bodens.

Mit voller Kraft noch erstrahlt und sich seiner Freiheit, goldbraun, die letzte Lebenshälfte in sich freudig ausstrahlt.

Wissend, mit Freude bereit zu sterben, um altes vergessen zu machen und neues Leben zu erblicken in einer neuen anderen Welt. Die Suche nach Leben ist die, ob es dein Leben gibt.

Nenne deinen Namen und ruf ihn
laut in den Himmel.

Nun sind wir für immer vereint.

Gebe Acht auf dich,
sei achtsam zu allem,
übe dich in Achtsamkeit.

Aus Fehlern entstehen
Möglichkeiten,

aus Möglichkeiten entstehen
Veränderungen,

aus Veränderungen entstehen
Verbesserungen,

durch Verbesserungen entstehen
Erneuerungen,

durch Erneuerungen entstehen
Fehler.

„Durch jeden Fehler kann Mann
lernen,

Frau auch"

„Es ist leichter
einmal Weltmeister zu werden,
als immer Weltmeister zu bleiben."

Wer sein Leben besser im Griff haben will, hat sich zu entscheiden ob er sein Leben besser im Griff haben will, oder sein Leben ihn besser im Griff hat.

„Qualität umgibt uns überall
und niemand kann sich ihr
entziehen.“

Die Tiefe des Herzens ist Wahrheit,
wobei die Tiefe sehr weit ist
und die Weite hoch ist
und Höhe einfach Sein ist.

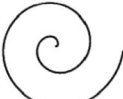

*Es neigt sich der Baum vom Winde
nieder!
Welche Kraft hat dieses Nichts?*

61

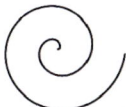

Sei kritisch und spür mehr in dich rein.
Sei selbst die Veränderung,
welche du dir in der Welt wünschst
und erhoffst
und beginne

- Jetzt -

Spüre,
höre dein Herz,
deine Seele,
BeWirke
ein Wandeln in deinem Sein
und Handeln.

Dein Leben kann dich leben,

Menschen können dein Leben
leben,
du kannst dein Leben leben,
deine Aufgaben leben und

ErKennen wer du bist,
was deine Seele und dein Herz
leben wollen.

Wenn du dich vor dem Vorhang der
Ablenkungen bewegst,
bewegst du dich in dein Leben und
wirst erkennen.

Lebe
Glaube
Liebe
Hoffe

Deine Bewegung ist Leben,

dein Stillstand ist der Tod,

bewegst du dich nicht,

bist du tot.

Leben kann nicht ohne den Tod
sein!
Tod kann nicht ohne Leben
sein!
Sein kann nicht ohne Sein
sein!

Emotion E Motion E MOTion

Motiv; Motio , Heraus, Bewegung,
Erregung, Be Weg ung

Heraus Bewegen,
Her Aus Be WEG gen,
HerAus BeWegen

Gefühl, Ge Fühl, GeFühl

Fühlen, Spüren, Wahrnehmen,

Fühlen, Spür en, Wahr nehmen
 WAHRnehmung

Zeitalter der Vernünfte,

Zeitalter der Verstände,

Zeitalter der Abgegrenztheiten,

sich zu definieren haben wir
geprägt bekommen,

haben die Prägungen anerzogen,
weitergelehrt,
sehen uns und unseren Gegenüber
im Verstand,
analysieren im Verstand,
definieren im Verstand,
bewerten im Verstand,
handeln im Verstand,
sind im Verstand…

Was ist deine Aufgabe?

Wie frei bist du wirklich?
Wie spürst du dich und dein
Leben?

Woher kommt dieses Gefühl?

Was ist deine Auf - Gabe?
Was ist deine Zerrissenheit?
Was ist deine Einsamkeit?

Woher kommt deine
Unvollständigkeit?

Warum diese Leere?
Was ist einer deiner Gaben?

Was ist deine Aufgabe?

Die Prägung,
die Einwicklung
des Lebens,
durch andere,
durch Duales,
das eine wie das andere,
deine Ent-Wicklung.

Zeit

ist es,
für deine Entwicklung,
deinen Charakter,
deine Prägung,
was bist du?
Was ist Prägung?
Was ist deine Ent-Wicklung?

Gefesselt vom Leben,
gefesselt aus Angst,
Leben in Angst;

Angst vorm LEBEN.

Besinnen
Besinne dich

Be sinne dich auf deine Sinne
Besinne dich auf all deine Sinne

Klar werden
Klar werden in Allem

Erinnern,
Erinnern an Gelebtes,
Erinnern an Wissendes,

Spüren,
spüren, fühlen, besinnen,
lernen, wachsen, bewegen

Richte dich nach anderen und du
wirst falsch

(Heiko Ehrlich)

Es ist egal was ich tue,
die Quelle muss Liebe sein,
und es muss von Bedeutung sein
und es muss getan sein

(Heiko Ehrlich)

Wenn du ein Richter bist, urteile,

wenn du kein Richter bist,

wer bist du,

das du urteilst?

Ein Fehler ist nur so schlecht wie
ich ihn sehe;
Ein Fehler wird sich immer
einschleichen;
Erst Recht wenn man keine Fehler
machen will;
Ein Fehler ist ein Fehler wenn
festgelegt ist was ein Fehler ist;

Impulse

Puls schlag

Puls schlag

Herz

Im Puls

Schlag Herz

Herz

Besinnen
Sich Be Sinnen
Auf sich be Sinnen
Leben - Be Sinnen in sich
Leben

Normal
Norm all
Alles wird versucht in eine Norm
zu bekommen,
oder überzustülpen.

Du bist nur dann… normal
Bist du normal?
Bist du eine Norm für alle?
Bist du verrückt?

Ist in dir was ver rückt?
Ist dein Bild der Normalität
ver rückt?
Warum ließt du das?
Was fühlst du jetzt?

Was würdest du sagen, wenn du auf all deine Fragen und Zweifel, deine Sehnsüchte und Ängste, eine Antwort finden könntest?

Was würdest du tun, um zu wissen woher du die Antworten bekommen könntest?

Was würdest du denken, wenn ich sage deine Antworten liegen bereits in dir?

Was würdest du nachdenken, wenn ich sage denke nicht?

Wie würde es dich verwirren, wenn ich sage dein Kopf hat sie nicht?

Was würdest du glauben, wenn ich sage dein Herz und deine Seele kennen deine Antworten, deine Aufgaben, deine Wachstumsfelder und wissen wie es ist zu leben?

Wie viel Macht
gibst du deinem Verstand –
wie viel Glauben gibst du
deiner Göttlichkeit,
deiner Seele,
deinem Herzen?

Emotionen, Bewegungen im Hier
und Jetzt, Leben im Sein,
glücklich, voller Fülle im Jetzt.
Kein Urteil, kein Muss, Sein.
Sondern: Atmen, Leben, Jetzt.
Einfach und schwierig, einfach wie
das atmen – es geschieht dir –
einfach – schwierig wie das
Nachdenken –
nachdenken über Vergangenes –
schwierig wie das Lernen und
Leben was andere uns aufzwingen.
Einfach wie das Spüren, einfach
wie das Sein.

83

Stell dir vor,
das Leben ist ganz leicht – keiner
weiß es
keiner glaubt es – keiner lebt es

Was würdest du tun mit dem
Wissen

du kannst und darfst leben

– einfach?

Warum bist du hier?
Was suchst du wirklich?

Wenn du glücklich bist,
„sei es"
Wenn du weinst,
„weine"
Wenn du leben willst,
„lebe"

Wissen ist nichts ohne Handeln.
Nichts wissen ist nichts.
Macht ist nichts.
Macht nichts.

Sind es die Fragen die es sind,
oder sind es die Antworten welche
es sind?

Wer Erfolg im Leben haben will,

hat nur zu begreifen,

dass Erfolg ein anders Wort für

Leben ist.

Lebe dein Leben und du hast
Erfolg.

Wenn du zufrieden bist – lächele.

Wenn du unzufrieden bist –
schweige.

Wenn du etwas ändern willst –
handle.

Wenn du erfolgreich sein willst –
sei es!
(Heiko Ehrlich)

Zeit für mich war immer rar,
doch auf einmal geht es - wie
wunderbar.
Für jemand anders ach da nimmst
du dir Zeit
Für mich tutest du wenig,
das weiß ich heut'
Schade, doch so sehe ich klar
waren die Momente mit mir und dir
wunderbar, der Schmerz sitzt tief,
nicht an erster Stelle ich bei dir
war, deiner Berufung ich lassend,
mit Liebe dich fassend.
Auch die zweite Stelle war für was
anderes da. Die dritte Stelle war
auch nicht mein,
so war ich oft die Tage und Abende
allein.

Zu viel Verständnis und zu wenig
Mut, brachten mir in deinem
Herzen die vierte Stelle, so konnte
es nicht sein.
Der Schmerz sitzt tief,
hattest gleich einen Anderen,
nämlich meinen Freund!

Wie fühle ich mich klein,
verlassen und traurig,
enttäuscht und blamiert.
Merke du hast nun Zeit für ihn.
Die Zeit ist da, die Prio anders.
Drum ist es besser, ich such mir
jemand anders.
Gelernt hab ich viel.
Deshalb ich hier danken will.
Seid glücklich zusammen.

CONSTANTIN BACHFISCHER,
ein Memminger Autor und Maler.

Er schreibt Gedichte, Texte, Sinn- und Herzenssprüche aus seinem Herzen. Seine Bilder bringen die Emotionen aus dem Moment im Jetzt zum Ausdruck.

Seine Bilder dienen zur Anregung und zum Erleben der eigenen Emotion. Er möchte die Menschen zum Spüren und Fühlen ihrer eigenen Herzen und den der anderen anregen. Er ermuntert Menschen dazu, ihre Herzen zu öffnen. Seine Werke sind Möglichkeiten für sich selbst in den Kontakt mit den eigenen Emotionen zu kommen. Es sind Bücher aus dem Herzen für die Herzen, für mehr Emotionen im Leben.

Bücher aus der Herzens-Reihe zum Spüren und Erleben von Constantin Bachfischer erschienen im BOD Verlag Books on Demand GmbH, Norderstedt

Herzens-Seele Ein Dialog mit dem Herzen
ISBN: 978-3-8423-1845-8

Herzens-Fragen Was mir das Herz sagen kann
ISBN: 978-3-8423-3318-5

Mehr Informationen über den Autor und sein Wirken im Internet: www.all-life-balance.com